Este libro pertenece a:

Andricaín, Sergio, 1956-
 Alelé, alelé : poesía para la primera infancia / Sergio Andricaín, Antonio Orlando Rodríguez ; ilustradores María Sánchez y Alexis Lago. -- Editora Mireya Fonseca Leal. -- Bogotá : Panamericana Editorial, 2013.
 84 p. : il. ; 21 cm.
 ISBN 978-958-30-4206-5
 1. Poesía infantil 2. Rimas infantiles 3. Canciones infantiles I. Rodríguez, Antonio Orlando II. Lago, Alexis, il. III. Fonseca Leal, Raquel Mireya, ed. IV. Tít.
I808.81 cd 21 ed.
A1401070

   CEP-Banco de la República-Biblioteca Luis Ángel Arango

Alelé, alelé
Poesía para la primera infancia

Tercera reimpresión, abril de 2017
Primera edición, julio de 2013
© 2013 Sergio Andricaín y Antonio Orlando Rodríguez
© 2013 Panamericana Editorial Ltda.
Calle 12 No. 34-30, Tel.: (57 1) 3649000
Fax: (57 1) 2373805
www.panamericanaeditorial.com
Tienda virtual: www.panamericana.com.co
Bogotá D. C., Colombia

ISBN 978-958-30-4206-5

Editor
Panamericana Editorial Ltda.
Edición
Mireya Fonseca Leal
Ilustraciones
María Sánchez y Alexis Lago
Diagramación y diseño de carátula
Martha Isabel Gómez

Prohibida su reproducción total o parcial
por cualquier medio sin permiso del Editor.

Impreso por Panamericana Formas e Impresos S. A.
Calle 65 No. 95-28, Tels.: (57 1) 4302110 - 4300355
Fax: (57 1) 2763008
Bogotá D. C., Colombia
Quien solo actúa como impresor.
Impreso en Colombia - *Printed in Colombia*

Alelé, alelé
Poesía para la primera infancia

Selección
Sergio Andricaín y
Antonio Orlando Rodríguez

Ilustraciones
María Sánchez y Alexis Lago

PANAMERICANA
EDITORIAL
Colombia • México • Perú

Para los niños trabajamos,
porque los niños son los que saben querer,
porque los niños son la esperanza del mundo.

José Martí
La Edad de Oro

Comienza el día

Debajo de un limonero
me dio sueño y me dormí,
y me desperté un gallito
cantando quiquiriquí.

Allá está la Luna
comiendo aceituna;
allá viene el Sol
comiendo frijol.

Nunca el sol salió más bello,
runfalalén.
Ni con más lindo cabello,
fanfalalán.
Nunca fue tan claro el día,
runfalalén,
ni trajo tanta alegría,
fanfalalán.

Lope de Vega

Estrellita blanca,
rosalito en flor,
abre ya los ojos
que amanece Dios.

Sol, solecito,
caliéntame un poquito,
por hoy, por mañana
y por toda la semana.

Alba

Señora amapola,
sal del ababol,
lávate la cara
con agua de olor,
ponte tu vestido
de rojo crespón,
peina tus cabellos,
que ha salido el sol.

Rafael Olivares Figueroa

La mañana

Llega el sol y nos trae
el regalo de un día
para que lo llenemos
de sueños y alegría.

Con olor a verbena,
con sabor a sandía:
cada minuto tiene
su propia melodía.

La mañana comienza
toda luz y armonía.
¡Qué regalo! ¡Qué fiesta!
¡Que viva el nuevo día!

Antonio Orlando Rodríguez

Así es mi bebé

La voz de este niño mío
es la voz que yo más quiero:
parece una campanita
obra del mejor platero.

                      Azótate la mocita
                      con la mano en la cabecita;
                      azótate la mozota
                      con la mano en la cabezota.

Tope, tope, tun,
tope, tope, tun,
¡qué lindos ojitos
los que tienes tú!

                      No es un botoncito,
                      es una nariz,
                      ay, que me la como,
                      ¡ya me la comí!

Las torticas de manteca
para mamá que da la teta.
Las torticas de pan blando
para papá que está en el campo.

           ¡Qué linda manita
           que tiene el bebé!
           ¡Qué linda, qué linda,
           qué preciosa es!

Este compró un huevito,
este lo sancochó,
este lo peló,
este le echó la sal
y el pícaro gordo ¡glup!
se lo comió.

           Pon, pon, pon
           el dedito en el botón.
           Pon, pon, pillo,
           el dedito en el bolsillo.

Alelé, alelé

Los cinco

Este es el niño chiquito
y bonito; al lado de él,
se encuentra el Señor de anillos;
luego el mayor de los tres.
Este es el que todo prueba,
y sobre todo la miel.
–¿Y este, más gordo que todos?
–Ese el Mata-pulgas es.

Amado Nervo

Cuando vayas a la carnicería
no me traigas carne ni de allí,
ni de allá, ni de acá…
pero de aquí ¡síííí!

¿Que no quieres que te cuente
los deditos de los pies?
Uno, dos, tres, cuatro, cinco,
seis, siete, ocho, nueve, diez.

Alelé, alelé,
que me duele un pie.
Yo no sé, yo no sé
si será de andar
que por las arenitas,
que por el arenal.

Sana que sana,
colita de rana;
si no sana hoy,
sanará mañana.

Sana que sana,
colita de gato;
si no sana ya,
sanará en un rato.

Sana que sana
colita de pez;
si no sana ahora,
sanará después.

Poema para la hora de comer

¿Una habichuela?
Para la abuela.

¿Un caramelo?
Para el abuelo.

¿Una ciruela?
Para la abuela.

¿Un buñuelo?
Para el abuelo.

¿Y qué hay
para el bebé?

Una cucharada
de rico puré.

Antonio Orlando Rodríguez

Vamos de paseo

A los verdes prados
baja la niña,
ríense las fuentes,
las aves silban.
A los verdes prados
la niña baja,
las fuentes se ríen,
las aves cantan.

Lope de Vega

Alelé, alelé

Juego

Al monte se va la niña,
con un cesto, en la mañana.

¡Quién sabe lo que traerá!

La niña no va por flores,
por yerbabuena ni malva.

¡Quién sabe por qué será!

Si por luceros, limones,
estrellitas o naranjas…

¡Decidme, si alguien lo sabe,
que no sé por lo que va!

Fernando Luján

Súplica

Al campo yo quiero ir.
¡Déjame, madre, partir!

Por el camino cerrero
cortaré dalias y rosas,
que lucirán, orgullosas,
sus ramos en tus floreros.

¡Déjame, madre, partir!

Las dulces moras moradas
que se dan en los senderos,
y las naranjas doradas
tú tendrás en los fruteros.

¡Déjame, madre, partir,
que al campo yo quiero ir!

Fernando Luján

Verdejil

El perejil periligero
salta –sin moverse– bajo su sombrero,
por la sombra verde, verdeverderil:
doble perejil,
va de pe en pe,
va de re en re,
–y pasa y repasa
y posa y reposa–
va donde voy
hasta verde soy,
va –de yo me sé–
que verde seré:
va de perejil
hasta verdejil…

Mariano Brull

Un valle

Un vallecito
verde, muy verde.

Cuatro vaquitas
pacen pacientes.

Tienen de todo:
aires, corrientes,

cuatro laderas,
mucho celeste.

Las mariposas
las entretienen.

Y Dios las vela.
Que Dios las vele.

Baldomero Fernández Moreno

Las flores del romero,
niña Isabel,
hoy son flores azules,
mañana serán miel.

Luis de Góngora

Flores

Las flores son mariposas
que aún no saben volar.
Por eso están quietecitas:
perfumando, y nada más.

Antonio Orlando Rodríguez

Alelé, alelé

La flor del diente de león

Soy la florecita
del diente de león,
parezco en la hierba
un pequeño sol.

Me estoy marchitando,
ya me marchité;
me estoy deshojando,
ya me deshojé.

Ahora soy un globo
fino y delicado,
ahora soy de encaje,
de encaje plateado.

Somos las semillas
del diente de león,
unas arañitas
de raro primor.

¡Qué unidas nos puso
la mano de Dios!
Ahora viene el viento:
¡hermanas, adiós!

Carmen Lyra

Ya viene el agua
por el cerrito,
¡ay! se me moja
mi sombrerito.

¡Que llueva, que llueva!
La vieja está en la cueva.
Los pajaritos cantan.
Las nubes se levantan.
¡Que sí! ¡Que no!
¡Que caiga un chaparrón!

Alelé, alelé

El aguacero

Tip, tap; tip, tap,
tip, tap; tip, tap…
Es un aguacero
que viene ahí no más.

Tip, tap; tip, tap,
tip, tap; tip, tap…
manda goterones;
él viene detrás.

Tip, tap; tip, tap,
tip, tap; tip, tap…
Ya llegó, aquí está.

Llaman en los vidrios
las gotas así:
tap, tap, tap, tap.

¿Qué quieren las gotas?
¿Me llaman a mí?

Carmen Lyra

Sembrador

En un campo blanco,
semillitas negras…
¡Que llueva, que llueva…!
Sembrador, ¿qué siembras?
¡Cómo canta el surco!
¡Que llueva, que llueva…!
¡Yo siembro arcoíris,
albas y trompetas!
¡Que llueva, que llueva!

Rafael Olivares Figueroa

Agua de san Marcos,
rey de los charcos,
para mi triguito que está bonito,
para mi cebada que está granada,
para mi melón que ya tiene flor,
para mi sandía que ya está florida,
para mi aceituna que ya tiene una.
¡Que sí! ¡Que no!
¡Que caiga un chaparrón!

Juegos, rondas y canciones

A la rueda rueda
de pan y canela,
dame un besito
y ve para la escuela.
Si no quieres ir,
acuéstate a dormir
en la yerbabuena
y en el toronjil.

A la rueda-rueda

A la rueda-rueda
que cayó del cielo
al agua del río
un lindo lucero.

A la rueda-rueda
que la princesita
para sus cabellos
quiere la estrellita.

A la rueda-rueda
que se enoja el rey
y ordena a los pajes
que no se la den.

A la rueda-rueda
que llega el galán
y a la princesita
se la ofrecerá.

A la rueda-rueda
que se casarán
y el rey y la reina
a la boda irán.

Juana de Ibarbourou

Vamos a la playa,
noche de San Juan,
que alegra la tierra
y retumba el mar.
En la playa hagamos
fiestas de mil modos,
coronados todos
de verbena y ramos.
A su arena vamos,
noche de San Juan,
que alegra la tierra
y retumba el mar.

Lope de Vega

Canción muy bonita

Mi niña quiere un osito,
su osito quiere un panal,
el panal quiere una rama,
la rama quiere un zorzal.

El zorzal quiere un abril,
el abril quiere un rosal,
el rosal quiere una luz
y la luz quiere un cristal.

Cristal, luz, rosal, abril,
zorzal, rama, ¿y el panal?
¡Ya se lo comió el osito
y sin romper el cristal!

Emma Pérez

Aserrín, aserrán,
los maderos de san Juan.
Los de Juan, piden pan;
los de Roque, alfandoque;
los de Enrique, alfeñique.
Riqui, riqui, riqui, riqui.

Bullí, bullí, zarabullí,
que si me gané, que si me perdí,
que si es, si no es, si no soy, si no fui,
por acá, por allá, por aquí, por allí.

Francisco de Quevedo

Zarabullí, ay bullí, bullí, de zarabullí.
Bullí cuz cuz
de la Veracruz:
yo me bullo y me meneo,
me bailo, me zangoloteo,
me refocilo y recreo
por medio maravedí:
zarabullí.

Francisco de Quevedo

Alelé, alelé

El patio de mi casa
es particular.
Si llueve, se moja
como los demás.

Agáchate, niña,
 y vuélvete a agachar,
  que si no te agachas
   no sabes bailar.

Dos y dos son cuatro,
 cuatro y dos son seis,
  seis y dos son ocho,
   y ocho dieciséis.

Y ocho veinticuatro,
y ocho treinta y dos.
Estas son las cuentas
que he sacado yo.

Había una vez
un barquito chiquitico,
había una vez
un barquito chiquitico,
había una vez
un barquito chiquitico
que no podía,
que no podía,
que no podía navegar.

Pasaron una, dos, tres, cuatro,
cinco, seis, siete semanas,
pasaron una, dos, tres, cuatro,
cinco, seis, siete semanas,
pasaron una, dos, tres, cuatro,
cinco, seis, siete semanas
y el barquito que no podía,
que no podía,
que no podía navegar.

Y si la historia les parece larga,
y si la historia les parece larga,
y si la historia les parece larga,
la volveremos,
la volveremos,
la volveremos a contar.

¡Buen viaje!

Con la mitad de un periódico
hice un buque de papel,
y en la fuente de mi casa
va navegando muy bien.

Mi hermana con su abanico
sopla que sopla sobre él.
¡Muy buen viaje, muy buen viaje,
buquecito de papel!

Amado Nervo

Todo es ronda

Los astros son rondas de niños
jugando la tierra a espiar…
Los trigos son talles de niñas
jugando a ondular…, a ondular…

Los ríos son rondas de niños
jugando a encontrarse en el mar…
Las olas son rondas de niñas
jugando la Tierra a abrazar…

Gabriela Mistral

Rimas y disparates

Pipisigallo
montando caballo
pasó un caballero
vendiendo romero.
Le pedí un gajito
para mi pollito
que estaba malito
de su piquito.
¡Quita la mano
que te pica el gallo!

Periquito el bandolero
se metió en un sombrero,
el sombrero era de paja,
se metió en una caja,
la caja era de cartón,
se metió en un cajón,
el cajón era de pino,
se metió en un pepino,
el pepino maduró
y Periquito escapó.

Debajo de un botón, ton, ton,
que tenía Martín, tin, tin,
había un ratón, ton, ton,
ay que chiquitín, tin, tin.
Ay que chiquitín, tin, tin,
era aquel ratón, ton, ton,
que encontró Martín, tin, tin,
debajo de un botón, ton, ton.

Una rata vieja
que era planchadora,
por planchar su falda
se quemó la cola.

Se puso pomada,
se amarró un pañito
y a la vieja rata
le quedó un rabito.

Sirena de espuma y sal

Sirena de espuma y sal
cabalga una ola del mar.

Viene de azul a las playas,
vuelve de verde a la mar.

Canta, de noche, a la luna
cuando la luna es del mar.

Duerme, de nieve, desnuda,
bajo la Estrella Polar.

Sirena de espuma y sal,
contigo, flor de la mar:

¡Quién se pudiera casar!

Fernando Luján

María Moñitos se fue a bañar,
dejó la ropa en el platanal.
Pasó un chivito y se la llevó,
María Moñitos se resfrió.

Pimpón es un muñeco
muy grande y de cartón,
se lava la carita
con agua y con jabón.

Se desenreda el pelo
con peine de marfil
y aunque se da jalones
no llora ni hace ji.

Apenas las estrellas
comienzan a salir,
Pimpón se va a la cama
y se acuesta a dormir.

Alelé, alelé

Campanero, campanero,
toca ya, toca ya,
toca la campana, toca la campana
din don dan, din don dan.

San Pantaleón
que cuántas son,
que veinticinco y el carbón.
Que la herradura para la mula,
el coche de oro para el rey moro,
la cinta de plata para la gata.
Cucurucú que te vires tú.

Plin

¡Qué bonito es el cristal,
clarito, clareado
de las copas de mamá!
¡Plin! resuena...
¡Plin! se queda...
¡Plin! cantando...
¡Plin! y vuela...
¡Plin! muy lejos...
¡Plin! quedito...
¡Plin! solito...
¡Plin! se va...
sch…
sch…
¡ya!

Nersys Felipe

Ronda del zapatero

Tipi tape, tipi tape,
tipi tape, tipitón,
tipi tape, zapa-zapa-
zapatero remendón.

Tipi tape todo el día,
todo el año tipitón,
tipi tape, macha-macha-
machacando en tu rincón.

Tipi tape en tu banqueta,
tipi tape, tipitón,
tipitón con tu martillo
macha-macha machacón.

¡Ay tus suelas, zapa-zapa-
zapatero remendón,
ay tus suelas, tipi tape,
duran menos que el cartón!

Tipi tape, tipi tape,
tipi tape, tipitón.

Germán Berdiales

Viene saliendo la luna
rodeada de campanitas,
y las vienen repicando
cuatro muchachas bonitas.

Luna, Luna,
dame una tuna;
la que me diste
cayó en la laguna.

Luna, Luna,
dame oropel;
el que me diste
lo perdí ayer.

Luna, lunera, cascabelera,
cinco pollitos y una ternera.
Luna, lunera, cascabelera,
cinco chivitos en la pradera.

La nanaluna

En un carro de oro prieto
viaja la señora Luna.
A veces se quita y pone
su chalequito de bruma.

La va guiando un lucero
negro como el jaboncillo.
(El resto de las estrellas
llevan hachón encendido).

Y al otro lado del mundo
se detiene a descansar:
echa pie a noche, vestida
con plumas de pavo real.

Sube de nuevo a su coche,
deja un suspiro y se va.
Mañana, de paso siempre,
la tendremos por acá.

Alberto Serret

Lunas

La Luna de Madrid
parece un colibrí.

La Luna de La Habana
se baña en palangana.

La Luna de París
es dulce como anís.

La Luna de Cartagena,
¡qué hermosa sirena!

La Luna de Roma
perdió su corona.

La Luna de Nigeria
es doncella muy negra.

Y la Luna de aquí
se parece a ti.

Eddy Díaz Souza

Este niño chiquito
no tiene cuna;
del limonero verde
yo le haré una.

Este niño lindo
ya quiere dormir,
háganle la cuna
de rosa y jazmín.

Háganle la cama
en el toronjil
y en la cabecera
pónganle un jazmín
que con su fragancia
me lo haga dormir.

Alelé, alelé

Duérmete, mi niño,
carita de luz.
El mundo es tu cuna
cuando duermes tú.

Duérmete, mi niño,
que voy a contar
las maripositas
que hay en mi rosal.

Duerme, duerme,
matita de mejorana.
Duérmete, lucerito
de la mañana.

Duérmete, mi niño,
duérmete, mi amor,
que el sueño te trae
una hermosa flor.

No corráis, vientecillos,
con tanta prisa,
porque al son de las aguas
duerme mi niña.

Lope de Vega

Alelé, alelé

Campanitas de oro,
torres de marfil,
canten a este niño
que se va a dormir.

Campanas de plata,
torres de cristal,
canten a este niño
que ha de descansar.

Basta de jugar,
basta de reír.
Cierra ya los ojos
y quédate así.

Din don,
din don dan,
campanitas sonarán.

Din don,
din don dan,
que a los niños dormirán.

Toronjil de plata,
torre de marfil,
esta niña linda
no quiere dormir.

Toronjil de plata,
torre de marfil,
arrullen al niño
que se va a dormir.

Alelé, alelé

Duérmete, mi niño.
Duérmete, mi amor.
Duérmete, pedazo
de mi corazón.

Este niño lindo
que nació de día
quiere que lo lleven
a la dulcería.

Este niño lindo
que nació de noche
quiere que lo lleven
a pasear en coche.

Lindos angelitos,
abejas de luz,
cuiden mi tesoro
en la noche azul.

–Señora Santana,
¿por qué llora el niño?
–Por una manzana
que se le ha perdido.
–Vamos a la huerta
y tomaremos dos:
una para el niño
y otra para vos.
–Yo no quiero una,
yo no quiero dos,
yo quiero la mía
que se me perdió.

Canción de cuna

Bellota del pino,
toronja dorada,
que duerme mi niño
en blanca almohada.

Lorito del monte,
verderín parlero,
no despierte al niño
el calor ni el trueno.

Fuentes escondidas,
aguas del estero,
descanse mi niño
con tranquilo sueño.

Y allá en la alborada,
con el sol naciendo,
le tienda sus brazos
un mundo risueño.

Renée Potts

Arrullo

Duerme, duerme, vida mía;
no más juego y parlería.
Cierra, cierra los ojitos,
que los ángeles benditos
mientras haya quien los vea
no te vienen a arrullar.

Duerme pronto, dulce dueño,
que yo misma tengo empeño
de quedarme dormidita
y gozar de la visita
de esos ángeles que vienen
a mecerte y a cantar.

Duerme, duerme, vida mía,
no se vayan a enfadar.
Duerme, duerme, que ya vienen
y dormido los verás,
que te mecen y remecen
y te besan a compás.

Rafael Pombo

Alelé, alelé

Este niño tiene sueño,
muy pronto se va a dormir
tiene un ojito cerrado
y otro no lo puede abrir.

Índice

Comienza el día

Debajo de un limonero, 10
Allá está la Luna, 10
Nunca el sol salió más bello, 11
Estrellita blanca, 12
Sol, solecito, 12
Alba, de Rafael Olivares Figueroa, 13
La mañana, de Antonio Orlando Rodríguez, 15

Así es mi bebé

La voz de este niño mío, 18
Azótate la mocita, 18
Tope, tope, tun, 18
No es un botoncito, 18
Las torticas de manteca, 20
¡Qué linda manita…!, 20
Este compró un huevito, 20
Pon, pon, pon, 20
Los cinco, de Amado Nervo, 21
Cuando vayas a la carnicería, 22
¿Que no quieres que te cuente…?, 22
Alelé, alelé, 23
Sana que sana, 24
Poema para la hora de comer,
    de Antonio Orlando Rodríguez, 25

Vamos de paseo

A los verdes prados, de Lope de Vega, 28
Juego, de Fernando Luján, 29
Súplica, de Fernando Luján, 30
Verdejil, de Mariano Brull, 31
Un valle, de Baldomero Fernández Moreno, 33
Las flores del romero, de Luis de Góngora, 34
Flores, de Antonio Orlando Rodríguez, 34
La flor del diente de león, de Carmen Lyra, 35
Ya viene el agua, 36
¡Que llueva, que llueva!, 36
El aguacero, de Carmen Lyra, 37
Sembrador, Rafael Olivares Figueroa, 39
Agua de san Marcos, 39

Juegos, rondas y canciones

A la rueda rueda, 42
A la rueda-rueda, de Juana de Ibarbourou, 43
Vamos a la playa, de Lope de Vega, 44
Canción muy bonita, de Emma Pérez, 45
Aserrín, aserrán, 46
Bullí, bullí, zarabullí, de Francisco de Quevedo, 46
Zarabullí, ay bullí, bullí, de zarabullí,
   de Francisco de Quevedo, 46
El patio de mi casa, 47
Había una vez, 48
¡Buen viaje!, de Amado Nervo, 50
Todo es ronda, de Gabriela Mistral, 51

Rimas y disparates

Pipisigallo, 54
Periquito el bandolero, 54
Debajo de un botón, ton, ton, 55
Una rata vieja, 55
Sirena de espuma y sal, de Fernando Luján, 57
María moñitos se fue a bañar, 58
Pimpón es un muñeco, 58
Campanero, campanero, 59
San Pantaleón, 59
Plin, de Nersys Felipe, 60
Ronda del zapatero, Germán Berdiales, 61

Y llega la noche

Viene saliendo la luna, 64

Luna, Luna, 64

Luna, lunera, cascabelera, 64

La nanaluna, de Alberto Serret, 65

Lunas, de Eddy Díaz Souza, 66

Este niño chiquito, 68

Duérmete mi niño, 69

No corráis, vientecillos, de Lope de Vega, 70

Campanitas de oro, 71

Toronjil de plata, 72

Duérmete, mi niño, 73

Lindos angelitos, 73

Señora Santana, 74

Canción de cuna, de Renée Potts, 75

Arrullo, Rafael Pombo, 76

Este niño tiene sueño, 77

Nota de autores

Sergio Andricaín estudió Sociología en la Universidad de La Habana y es autor de obras para niños como *Cuando sea grande*, *Había otra vez. Historias de siempre vueltas a contar*, *Libro secreto de los duendes*, *El planeta de los papás-bebé* (en colaboración con Chely Lima), *La caja de las coplas*, *Un zoológico en casa* y *Hace muchísimo tiempo*. Entre sus antologías de poesía para niños se destacan *¡Hola!, que me lleva la ola* e *Isla de versos*. Puedes visitar su blog www.sergioandricain.wordpress.com o seguirlo por Facebook en /sergio.andricain.

Antonio Orlando Rodríguez estudió Periodismo en la Universidad de La Habana y ha publicado, entre otros libros para el público infantil y juvenil, *Fiesta en el zoológico*, *Yo, Mónica y el Monstruo*, *Hospital de piratas*, *La Escuela de los Ángeles*, *El rock de la momia y otros versos diversos* y *Mi bicicleta es un hada y otros secretos por el estilo*. En el 2008 ganó el premio internacional Alfaguara con su novela para adultos *Chiquita*. Puedes visitar su sitio web www.antonioorlandorodriguez.com y seguirlo en las redes sociales a través de /antonioorlandorodriguezautor, en Facebook, y @a_o_rodriguez, en Twitter.

Estos dos escritores cubanos, que vivieron en Colombia durante varios años, han publicado en coautoría, entre otros títulos, *El libro de Antón Pirulero*, *Adivínalo si puedes*, la colección La vuelta al mundo en cinco cuentos y la investigación *Escuela y poesía. ¿Y qué hago con el poema?* Ambos residen en Estados Unidos, donde crearon la Fundación Cuatrogatos (www.cuatrogatos.org) para desarrollar proyectos culturales y educativos.